CHANT

RÉDUIT A SA PLUS SIMPLE EXPRESSION,

OU

NOUVELLE MÉTHODE

DE MUSIQUE.

Toulouse. — Imprimerie de Bonnal et Gibrac, rue St-Rome, 46.

Musique typographique de TANTENSTEIN et CORDEL,
90, rue de la Harpe, à Paris.

CHANT
RÉDUIT A SA PLUS SIMPLE EXPRESSION
OU
NOUVELLE MÉTHODE
DE MUSIQUE

SOUS FORME DE DEMANDES ET DE RÉPONSES,

AVEC LES PROCÉDÉS ET LE QUESTIONNAIRE POUR CHAQUE EXERCICE,

A l'usage des écoles primaires et des maisons d'éducation ;

PAR M. L. PEYSSIES.

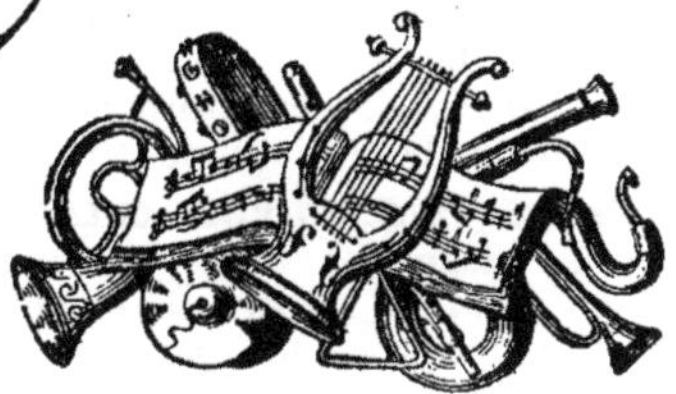

G. ANSAS, LIBRAIRE-ÉDITEUR,
Rue des Balances, 7,
TOULOUSE.

POMIÉS FRÈRES,
Imprimeurs-Libraires,
A FOIX.

1846

Tous les Exemplaires qui ne seront pas revêtus des signatures ci-après seront réputés contrefaits.

On trouve chez les mêmes Libraires :

JOURNAL DE L'INSTRUCTION PRIMAIRE, pour les Académies du Midi de la France, paraissant tous les mois par livraison, publié à Toulouse, avec l'autorisation de M. le ministre de l'instruction publique. Prix de l'abonnement pour l'année : 5 francs, par la poste. — 11e année. 1845. — *Ecrire franco.*

ARITHMÉTIQUE DÉCIMALE DES ÉCOLES PRIMAIRES, ouvrage conforme aux dispositions de la loi du 4 juillet 1837, enrichi de 450 problèmes en forme d'exercices ; par MM. A. Campagne, bachelier ès-sciences, et J. Luçon, sous-inspecteur des écoles primaires, 4e édition, revue, corrigée et augmentée. 1 vol. in-18. cart.

SOLUTIONS RAISONNÉES DES 450 PROBLÈMES contenus dans l'Arithmétique de A. Campagne et J. Luçon, 1 vol. in-18, broché.

IMITATION DE JÉSUS-CHRIST, traduction de Beuil, à l'usage des écoles primaires. Nouvelle édition, ornée de 4 gravures. 1 vol. in-18, cartonné.

ÉLÉMENTS DE LA GRAMMAIRE FRANÇAISE DE L'HOMOND, Corrigés et arrangés pour les écoles primaires, avec des exercices en regard du texte, par L. Dassieu, inspecteur des écoles primaires du département de la Haute-Garonne. 1 vol. in-12, cartonné.

TRAITÉ ÉLÉMENTAIRE D'ANALYSE GRAMMATICALE et d'Analyse logique, à l'usage des écoles primaires, ouvrage approuvé par le Conseil royal de l'Instruction publique, par décision du 3 novembre 1843, et couronné par la Société d'instruction élémentaire de France, par J. Luçon, sous-inspecteur des écoles primaires de la Haute-Garonne ; 2e édition. 1 vol. in-12, cartonné.

LE GUIDE DES ÉCOLES DES FILLES, ouvrage indispensable aux Aspirantes aux différents brevets de capacité, aux Surveillantes des salles d'Asile, aux Institutrices, aux Ecoles de Filles dirigées par des congrégations religieuses, aux Maîtres de pension, aux Instituteurs et aux Autorités chargées de la surveillance de l'Instruction primaire, par L. Cabrié, professeur à l'Ecole Normale d'Agen, auteur du Manuel des Ecoles primaires. 1 vol. in-18.

A Monsieur A. PELVEY, chevalier de la légion-d'honneur, Sous-Préfet de l'arrondissement de Pamiers (Ariége).

Monsieur le Sous-Préfet,

La loi organique du 28 juin 1833 consacre l'introduction du chant dans l'enseignement élémentaire. Par une récente décision, M. le ministre de l'instruction publique a mis au concours la composition de chants moraux, patriotiques et religieux, propres à être enseignés dans les écoles primaires. Ces diverses circonstances m'ont engagé à publier cette *Méthode élémentaire de Musique*.

La sollicitude éclairée avec laquelle, M. le Sous-Préfet, vous veillez sur les intérêts de l'enseignement primaire dont la haute direction vous est confiée dans l'arrondissement de Pamiers, me fait un devoir de placer sous vos auspices, cet ouvrage qui, je l'espère, pourra être de quelque utilité aux instituteurs, mes collègues.

Veuillez en agréer l'hommage respectueux et daignez recevoir l'assurance des sentiments respectueux, avec lesquels j'ai l'honneur d'être,

Monsieur le Sous-Préfet,

Votre très-humble et très-obéissant serviteur,

L. PEYSSIES.

Vaquiers, le 31 janvier 184[illegible].

ACADÉMIE
DE TOULOUSE.

DÉPARTEMENT
DE L'ARIÉGE.

COMITÉ SUPÉRIEUR
DE PAMIERS.

UNIVERSITÉ DE FRANCE.

Extrait du registre des délibérations du Comité supérieur de Pamiers.

SÉANCE DU 13 MARS 1845.

Parmi les ouvrages élémentaires destinés à propager le goût et l'étude de la musique dans les écoles primaires, le comité supérieur de l'arrondissement de Pamiers a surtout distingué celui que vient de publier M. Peyssies, instituteur à Vaquiers (Haute-Garonne), sous le titre de *Chant, réduit à sa plus simple expresion*, ou *Nouvelle méthode de Musique*. Aussi le comité croit-il devoir recommander aux instituteurs de son ressort, cette méthode qui n'est pas moins remarquable par la netteté et la concision des principes qui en font la base, que par l'attention et les soins qu'apporte l'auteur pour mettre les éléments de la musique à la portée des jeunes intelligences.

A Pamiers, le jour, mois et an que dessus.

Pour expédition conforme,

Le Sous-Préfet, président du Comité,

A. PELVEY, signé.

PRÉFACE.

Nous avons entrepris ce *Traité élémentaire de Musique*, dans le but d'être utile aux enfants de nos écoles : c'est avec confiance que nous l'offrons au public, et notre ouvrage aura certainement celui de l'opportunité, à défaut d'autre mérite, puisque des mesures viennent d'être prises pour que des chants moraux, patriotiques et religieux soient enseignés et exécutés dans toutes les écoles.

Nos faibles connaissances sur cette partie de l'enseignement devaient nous inspirer quelques craintes ; aussi avions-nous d'abord destiné ce travail à l'usage de notre école seulement. Le rapport favorable de plusieurs personnes haut placées dans l'académie de Toulouse, nous a donné un peu plus de confiance, et nous nous sommes décidé à publier cette *Méthode classique élémentaire*.

D'où vient que la musique, si généralement appréciée, n'a pu être encore enseignée avec succès à nos élèves ? C'est que l'enseignement de cet art n'avait pas été proportionné encore à l'âge et surtout au degré d'intelligence de l'enfant.

Il existe d'excellents traités de musique à demi-élémentaires ; nous citerons principalement celui de B. Wilhem qui a obtenu de très-grands succès, surtout à Paris ; mais ce traité n'a pas semblé à MM. les instituteurs en rapport suffisant avec les forces intellectuelles de nos petits enfants. Il faut pour eux un livre tout-à-fait à leur portée, c'est-à-dire, un livre le plus court et le plus clair possible, où le chant soit réduit à ses plus simples éléments et à ses principes indispensables.

Nous croyons qu'un livre ainsi composé peut être très-utile à nos élèves. C'est dans l'espoir de remplir ce but, que nous avons osé publier le résultat de nos études et de notre propre expérience.

Pour rendre notre ouvrage plus facile et en même temps plus intéressant, nous avons pensé qu'il était utile de s'occuper de l'enseignement du maître autant que de celui de l'élève ; de simplifier surtout les exercices ; de rendre les règles plus précises et plus claires pour l'un et pour l'autre.

Nous avons placé, avant chaque leçon de solmisation et de chant, tous les procédés nécessaires pour indiquer au maître le moyen de conduire les élèves à la bonne exécution d'un morceau de chant. De plus, nous avons pensé qu'il était utile d'y ajouter un questionnaire, au moyen duquel l'instituteur pourra s'assurer si l'élève a bien saisi ce qu'il a voulu lui enseigner.

Le système que nous avons adopté, celui des demandes et des réponses, nous a paru le plus direct et le plus facile. Ces dialogues entre le professeur et l'élève, font de la science une sorte de causerie instructive, en intéressant vivement l'un et l'autre : l'enfant, à écouter et répondre ; le maître, à interroger l'élève, en le suivant pas à pas dans ses progrès.

Il résulte de cette nouvelle marche, une amélioration notable pour les écoles, car l'enseignement en devient plus uniforme et plus facile.

Enfin, quelque peu de mérite que nous puissions attribuer à notre travail, nous désirons pourtant qu'il soit agréable à nos supérieurs, à nos chers collègues, pour qui il a été composé, et à tous ceux qui aiment le chant. Si nous obtenions d'honorables suffrages, surtout s'il nous était donné de rendre l'étude du chant plus générale, nous serions amplement dédommagé de nos efforts et de nos veilles.

PREMIÈRE PARTIE.

CONNAISSANCES PRÉLIMINAIRES DE LA MUSIQUE.

SOLMISATION.

CHAPITRE I.

SON.—MUSIQUE VOCALE.—MUSIQUE INSTRUMENTALE.—ÉCHELLE DES SONS. —TONS ENTIERS.—DEMI-TONS.

Demande. Qu'est-ce qu'un SON ?

Réponse. Un son est le bruit que l'oreille entend.

Le marteau qui frappe sur l'enclume produit des sons, de même que la cloche qui sonne.

Qu'est-ce que la MUSIQUE?

La musique est l'art qui s'occupe des sons.

Combien y a-t-il d'espèces de musiques?

Il y a deux espèces de musiques: la musique VOCALE, composée pour les voix, et la musique INSTRUMENTALE composée pour les instruments.

Un instrument produit de la musique instrumentale, et une voix de la musique vocale.

De quoi se sert-on pour représenter les sons?

On se sert de sept signes appelés NOTES.

Comment appelez-vous ces notes?

Ut (ou *do*), *ré*, *mi*, *fa*, *sol*, *la*, *si*.

Comment appelez-vous l'ensemble des notes, disposées dans cet ordre, en doublant la première?

On l'appelle GAMME (ou *échelle des sons*).

La distance de son est-elle la même entre chacune des notes et celle qui la suit en montant?

Non: celle de *do* à *ré* est la même que celle de *ré* à *mi*, et on les appelle *tons;* mais celle de *mi* à *fa* est moindre de moitié et on l'appelle *demi-ton*.

Qu'y a-t-il de *fa* à *sol?*

Un ton, comme de *do* à *ré* et de *ré* à *mi*.

2

Et de *sol* à *la?*

Un ton.

Et de *la* à *si?*

Un ton.

Et de *si* à *do?*

Un demi-ton, comme de *mi* à *fa*.

Combien y a-t-il donc de notes dans la gamme?

Sept, la huitième n'étant que la répétition de la première.

Comment appelez-vous la *huitième* note de la gamme?

Octave (d'un mot latin qui veut dire *huitième*).

Dans quel ordre placez-vous les tons et les demi-tons dans une gamme?

Comme il suit, c'est-à-dire, en montant: deux tons, un demi-ton, trois tons, un demi-ton.

Combien donc, dans une gamme, y a-t-il de tons et de demi-tons?

Cinq tons et *deux* demi-tons. A vérifier par la figure ci-dessous.

ECHELLE DES SONS.

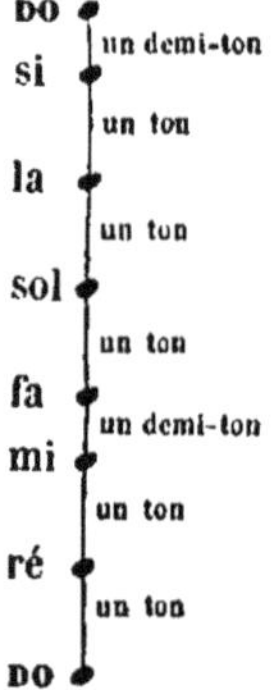

Faire exercer les élèves à reconnaître les tons et les demi-tons dans cette échelle.

QUESTIONNAIRE.

Qu'est-ce qu'un son? — Qu'est-ce que la musique? — Combien y a-t-il d'espèces de musiques? — De quoi se sert-on pour représenter les sons? — Comment appelez-vous ces notes? — Qu'est-ce qu'une gamme? — De la première à la seconde note y a-t-il la distance d'un ton ou d'un demi-ton? — De *mi* à *fa* quelle distance y a-t-il? — Comment appelez-vous la huitième note de la gamme? — Dans quel ordre placez-vous les tons et les demi-tons dans une gamme? — Dans l'ordre suivant: deux tons, un demi-ton, trois tons, un demi-ton, comme on le voit dans la figure ci-dessus (1).

(1) Dans les questionnaires, nous ne donnerons de réponse qu'aux demandes qui nous semblent avoir plus besoin de répétition.

CHAPITRE II.

PORTÉE. — CLÉS.

Sur quoi place-t-on les notes ?

Sur une échelle de *cinq lignes*.

appelée PORTÉE.

Les lignes de la portée se comptent de bas en haut, comme l'indiquent les chiffres 1, 2, 3, 4, 5. La plus basse ligne est donc la première et la plus haute la cinquième.

Les notes se placent sur les lignes. Exemple :

Et entre les lignes. Exemple :

Comment fait-on pour indiquer des notes ou des sons plus hauts ou plus bas que ceux qui sont contenus par la portée ?

On ajoute des lignes.

La première note au-dessus et au-dessous de la portée s'indique sans aucune ligne ajoutée.

Par quelle ligne ajoutée est traversée la deuxième note qui dépasse la portée, soit au-dessus, soit au-dessous ?

Par la première. Exemple :

Par quelle ligne indique-t-on la troisième note ?

Par la première ; mais la note n'est point traversée par la ligne.

Par quelle ligne est traversée la quatrième note?

Par la deuxième. Exemple:

Par combien de lignes ajoutées indique-t-on la cinquième note?

Par deux lignes ajoutées. Exemple:

En continuant ainsi d'écrire des notes en dehors de la portée, on voit qu'on ajoute de nouvelles lignes à mesure que les notes s'éloignent de la portée. On peut remarquer aussi que chaque ligne ajoutée sert à indiquer deux notes entre lesquelles une autre ne peut être placée.

Une note, qui est placée haut sur une portée, représente un son haut (ou aigu); et une note, qui est placée bas, représente un son bas (ou grave).

Comment fait-on pour monter d'un son bas à un son haut, et pour descendre d'un son haut à un son bas à partir d'une note quelconque?

On ajoute à chaque note la distance d'un ton ou d'un demi-ton. Ex.:

Si nous partons de *do*, nous ajouterons en montant à cette note un ton pour arriver au *ré*, nous ajouterons également un ton à *ré* pour arriver à *mi*; mais pour arriver à *fa*, nous n'ajouterons qu'une distance moindre de moitié, c'est-à-dire un demi-ton; pour arriver à *sol*, nous ajouterons un ton, un autre ton pour arriver à *la*, un autre ton pour arriver à *si*, et enfin un demi-ton pour arriver à *do*.

On suivra la même marche en descendant.

DES CLÉS.

De quoi se sert-on pour connaître le nom des notes?

On se sert de signes appelés *clés*, qu'on place au commencement de chaque portée.

Dans la musique combien y a-t-il de clés?

Il y a dans la musique *trois* clés:

La clé de *sol* 𝄞. La clé d'*ut* 𝄡. La clé de *fa* 𝄢.

Sur quelle ligne se place la clé de *sol?*

La clé de *sol* se place ordinairement sur la *deuxième* ligne. Ex. :

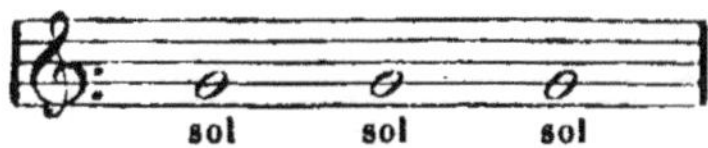

Si, en partant de *sol*, on continue à donner aux notes de la gamme leur place relative, elles se trouveront ainsi figurées en descendant :

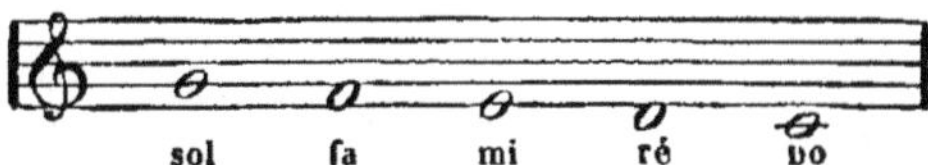

Et en montant de cette manière :

En réunissant ces notes dans la même portée, on a la gamme de *do*. Ex. :

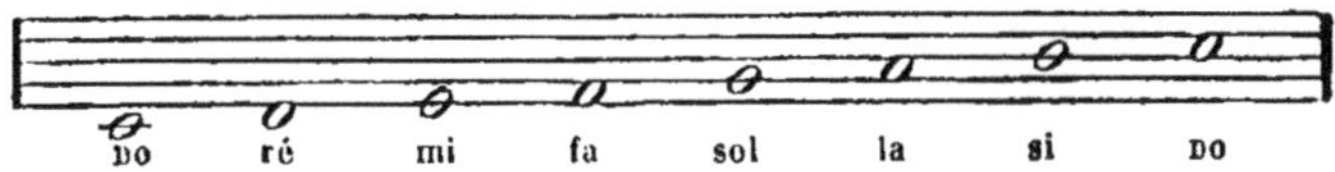

En continuant d'écrire des notes au-dessus de cette gamme, on aura jusqu'au *la* à quatre lignes ajoutées. Exemple :

Mais si pour les instruments il y a encore des sons plus élevés, on est convenu de les écrire avec ce signe 8va〰〰〰〰〰.

8va 〰〰〰〰〰〰〰〰〰〰〰〰〰〰

la si DO ré mi fa

qui indique que toutes les notes qui sont sous la ligne *tremblée* doivent se jouer à l'octave supérieure.

Sur quelle ligne se place la clé de *fa*? (1)

La clé de *fa* se place ordinairement sur la *quatrième* ligne?

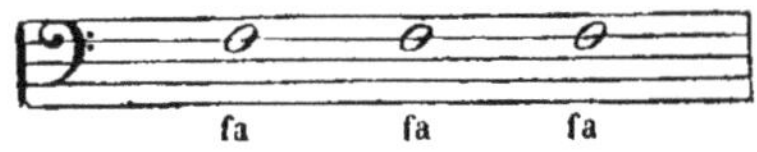

(1) On emploie la clé de *fa* pour éviter un trop grand nombre de lignes au-dessous de la portée.

La note *do*, que, dans la clé de *sol*, nous trouvons placée au-dessous de la portée et traversée par une ligne ajoutée, se trouve, avec la clef de *fa*, au-dessus de la portée, et traversée aussi par une ligne ajoutée. Exemple :

Ainsi, la gamme de *do*, écrite avec la clé de *sol* :

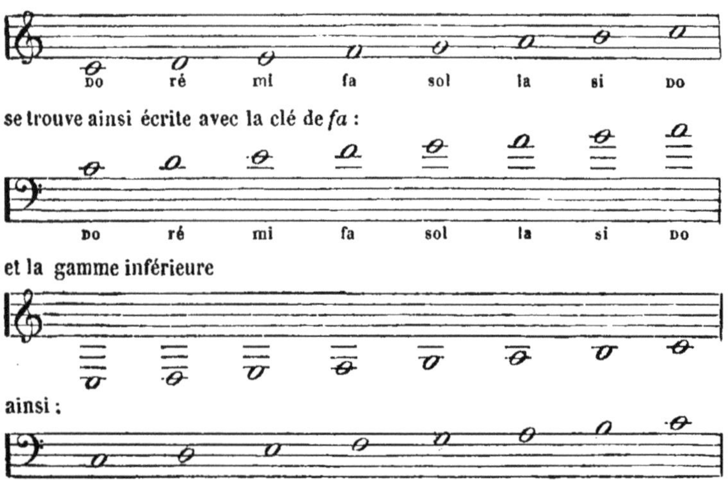

QUESTIONNAIRE.

Qu'est-ce qu'une portée ? — Combien y a-t-il de lignes dans une portée ? — Comment indique-t-on les notes en dehors d'une portée ? En ajoutant des lignes. — Par quelle ligne est traversée la deuxième note en dehors d'une portée ? Par la première. — A combien de lignes ajoutées se trouve placée la cinquième note ? A deux lignes ajoutées. — Par quelle ligne est traversée la quatrième note au-dessus de la portée ? Par la deuxième. — De quels signes se sert-on pour connaître le nom des notes ? On se sert de clés. — Où place-t-on les clés ? Sur les lignes. — Sur quelle ligne place-t-on la clé de *sol* ? Sur la deuxième ligne. — Comment appelle-t-on la note placée sur la troisième ligne avec cette clé ? ***Si.*** — Celle placée sur la quatrième ligne ? ***Ré.*** — Celle placée entre la quatrième et la cinquième ligne ? ***Mi.***

Sur quelle ligne se place ordinairement la clé de *fa* ? Sur la quatrième ligne. — Comment appelle-t-on, avec cette clé, la note traversée par la première ligne ajoutée au-dessus de la portée ? *Do.* — Quel est le *do* de la clé de ***sol*** qui est identique avec celui-là ? Le *do*, qui est traversé par une ligne ajoutée au-dessous de la portée. — Pourquoi emploie-t-on la clé de *fa* ? Pour éviter un trop grand nombre de lignes ajoutées au-dessous de la portée.

N. B. La clé de *sol* et la clé de *fa* suffisant pour exprimer tous les sons, nous ne ferons pas usage de la clé d'*ut*.

CHAPITRE III.

FIGURES DES NOTES ET DES SILENCES.

Les notes ou les sons sont-ils tous d'égale durée?

Non.

Comment s'indique la durée relative des sons ou des notes?

Par sept espèces de notes. (Voir le tableau ci-dessous).

NOTES.

Nom des sept espèces de notes.	Figure des notes.	Valeur relative des notes.
1. La *Ronde*	𝅝	Note entière.
2. La *Blanche*	𝅗𝅥	Moitié de la ronde.
3. La *Noire*	𝅘𝅥	Quart de la ronde ou moitié de la blanche.
4. La *Croche*	𝅘𝅥𝅮	Huitième de la ronde ou moitié de la noire.
5. La *Double-croche*	𝅘𝅥𝅯	Seizième de la ronde ou moitié de la croche.
6. La *Triple-croche*	𝅘𝅥𝅰	Trente-deuxième de la ronde ou moitié de la double-croche.
7. La *Quadruple-croche*	𝅘𝅥𝅱	Soixante-quatrième de la ronde ou moitié de la triple-croche.

Quelle est la durée de chaque espèce de note?

Le double de la durée de celle qui suit, et la moitié de la durée de celle qui précède, en les prenant dans l'ordre ci-dessus. Ainsi:

La *Ronde* dure autant que deux blanches.

La *Blanche*, qui est la moitié de la ronde, dure autant que deux noires.

La *Noire*, qui est la moitié de la blanche, dure autant que deux croches.

La *Croche*, qui est la moitié de la noire, dure autant que deux doubles-croches.

La *Double-Croche*, qui est la moitié de la croche, dure autant que deux triples-croches.

La *Triple-Croche*, qui est la moitié de la double-croche, dure autant que deux quadruples-croches.

Ou bien la *ronde* vaut . . 2 blanches,
4 noires,
8 croches,
16 doubles-croches,
32 triples croches,
64 quadruples-croches.

L'élève devra s'exercer à détailler sur le papier (1), ainsi que nous venons de le faire pour la ronde, ce que vaut une blanche, puis ce que vaut une noire, etc., et il appuiera sur ce paragraphe jusqu'à ce qu'il ait parfaitement compris.

Les Allemands n'ont point, ainsi que nous, donné à leurs notes le nom de leur figure, mais celui préférable de leur valeur; ainsi ils appellent:

La *ronde* . . . . la *note entière*
La *blanche* . . . . la *moitié de la note*,
La *noire* . . . . le *quart de la note*.
Etc.

Cette dénomination indique positivement les valeurs, tandis que les mots *ronde*, *blanche*, *noire*, etc., ne l'indiquent que parce que l'on est convenu qu'ils doivent l'indiquer. Il serait à désirer que cette dénomination des notes fût bientôt adoptée en France.

SILENCES.

Qu'est-ce qu'un SILENCE en musique?

C'est un signe qui représente la valeur d'une note.

Combien y a-t-il d'espèces de silences?

Sept, autant que de notes.

Comment les appelez-vous?

La *Pause* ▬, représentant une ronde. Exemple:

La *Demi-Pause* ▬, représentant une blanche. Exemple:

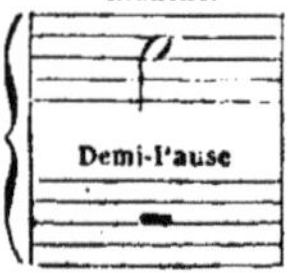

Le *Soupir* 𝄽, représentant une noire. Exemple:

(1) Nous invitons beaucoup à ne pas négliger les copies que de temps en temps nous croyons devoir indiquer: c'est le moyen le plus efficace de se bien imprimer les choses dans l'esprit.

Le *Demi-Soupir* 𝄾, représentant une croche. Exemple :

La *Quart-de-soupir* 𝄿, représentant une double-croche. Exemple :

Le *Huitième de Soupir* 𝅀, représentant une triple-croche. Exemple :

Le *Seizième-de-soupir* 𝅁, représentant une quadruple-croche. Exemple. :

Lorsqu'il faut représenter *deux* ou un plus grand nombre de mesures, quels signes emploie-t-on le plus souvent ?

On emploie le bâton de *deux* mesures. Exemple :

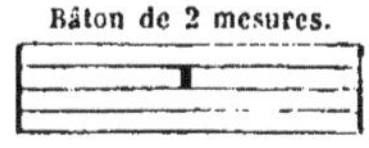

Et celui de *quatre*. Exemple : . . . .

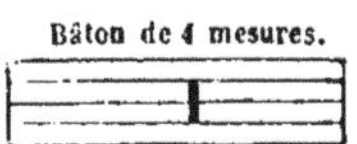

Qu'indiquent les silences ?

Ils indiquent que le joueur ou le chanteur doit compter les temps et parties de temps qu'ils représentent sans faire entendre aucun son.

LECTURE DES FIGURES DE NOTES ET DE SILENCES.

Cherchons maintenant à reconnaître dans l'exercice suivant les différentes espèces de notes et de silences.

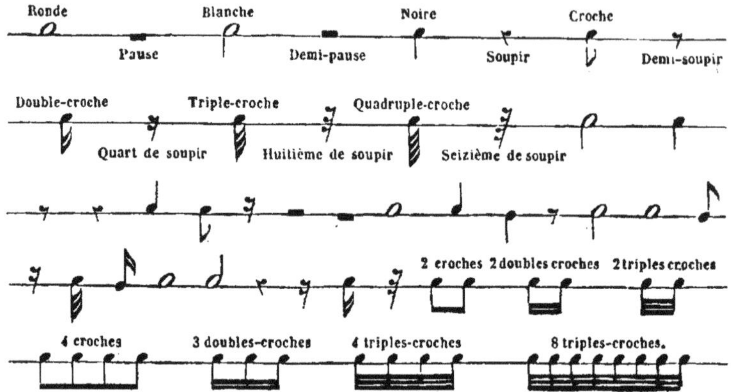

1° Faire remarquer la forme des diverses figures de notes et de silences de cette manière : la comme un zéro ; la comme la ronde avec une queue ; la comme un gros point noir avec une queue ; la comme la noire avec un crochet ; la avec deux crochets ; etc.

2° Faire remarquer aussi que les croches peuvent être attachées ensemble par une barre, comme au lieu de ; les triples croches avec trois barres, comme au lieu de ; etc.

3° La pause se place sous la quatrième ligne et y touchant, et la demi-pause, sur la troisième ligne et y touchant ; le demi-soupir a la forme d'un sept ; le soupir a le crochet à droite ; le quart de soupir à deux crochets à gauche ; etc.

QUESTIONNAIRE.

Combien y a-t-il d'espèces de notes ? — Combien la ronde vaut-elle de blanches ? — Combien la noire vaut-elle de croches ? — Combien faut-il de noires pour une ronde ? — Et de croches pour une blanche ? — Comment appelle-t-on la note qui a la forme d'un zéro ? — Celle formée d'un gros point avec une queue ? — Combien y a-t-il d'espèces de silences ? — Quel est celui qui représente une noire ? — Celui qui représente une croche ? — Et celui qui représente une double-croche ? — Combien la pause vaut-elle de soupirs ? — Quel est le silence qui est le quart de la demi-pause ? — A quelle note équivaut la demi-pause ? — La pause ? — Le demi-soupir, etc. ?

CHAPITRE IV.

UNISSONS. — INTERVALLES. — MESURES.

Quand est-ce que deux ou un plus grand nombre de notes sont à l'*unisson ?*

Lorsqu'étant sur la même ligne ou dans le même interligne elles expriment le même son.

Qu'est-ce qu'un INTERVALLE en musique?

C'est la distance d'une note à l'autre.

Combien y a-t-il d'espèces d'intervalles?

Sept; savoir:

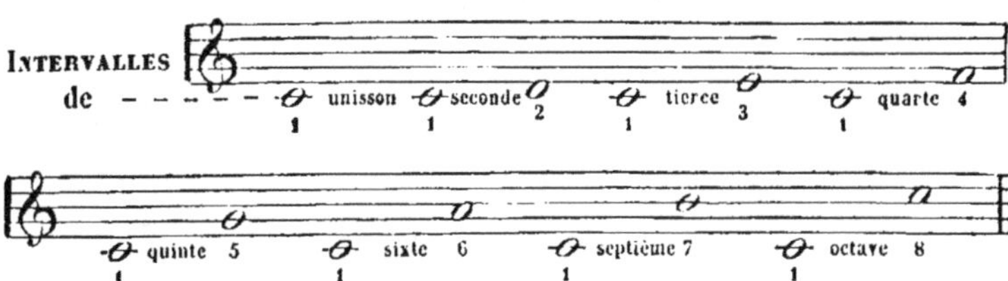

N.B. Le chiffre 1, placé sous chaque *do*, indique le point de départ, et les autres, l'espèce d'intervalle.

Combien de notes de la gamme pour une *seconde?*

Deux.

Pour une *tierce?*

Trois.

Pour une *quarte?*

Quatre.

Pour une *quinte?*

Cinq.

Pour une *sixte?*

Six.

Pour une *septième?*

Sept.

Pour une *octave?*

Huit.

MESURE.

De quel moyen se sert-on pour donner aux notes et aux silences la durée qui leur convient?

On bat la mesure.

Qu'appelez-vous *battre la mesure?*

C'est marquer, par des mouvements de la main (ou du pied), des instants égaux appelés *temps.*

Combien y a-t-il d'espèces de mesures?

Il y en a trois principales, savoir:

La mesure à *quatre* temps,
La mesure à *trois* temps,
Et la mesure à *deux* temps.

Comment battez-vous la mesure à quatre temps?

En marquant quatre mouvements égaux.

Battez-la.

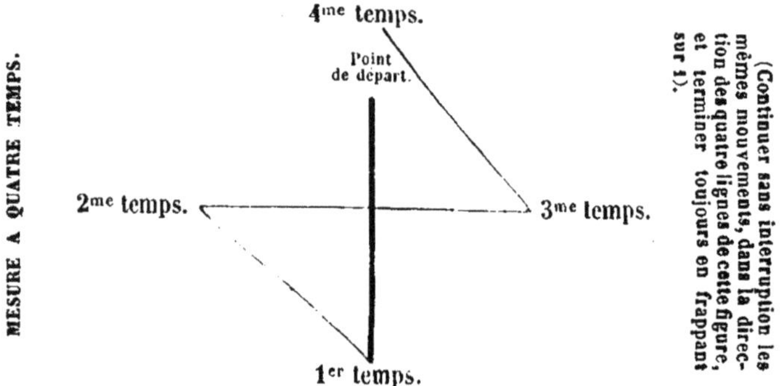

On voit que, dans cette mesure, le premier temps est frappé, le deuxième marqué à gauche, le troisième marqué à droite et le quatrième levé.

Faire battre la mesure à quatre temps en disant plusieurs fois 1, premier temps; 2, deuxième temps; 3, troisième temps; 4, quatrième temps; **1—2—3—4, 1—2—3—4,** etc.

Comment battez-vous la mesure à trois temps?

En supprimant le temps de gauche de la mesure à quatre temps, de cette manière :

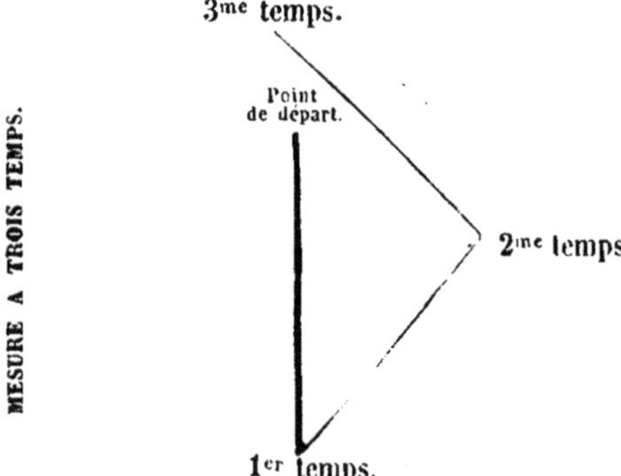

On voit que dans cette mesure le premier temps est frappé, le deuxième marqué à droite, et le troisième levé.

Faire battre la mesure à trois temps en disant plusieurs fois : 1, premier temps ; 2, deuxième temps ; 3, troisième temps ; 1—2—3 ; 1—2—3 ; 1—2—3 ; 1—2—3 ; etc.

Comment battez-vous la mesure à deux temps ?

En supprimant le temps de droite de la mesure à trois temps, de cette manière :

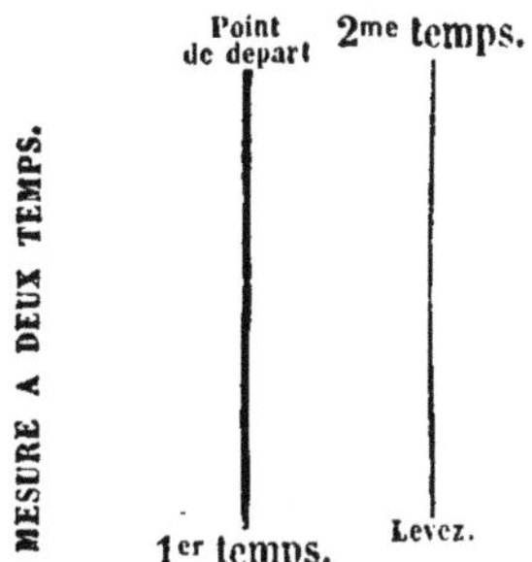

On voit que, dans cette mesure, le premier temps est frappé, comme dans les deux autres, et le deuxième levé.

Faire battre la mesure à deux temps, en disant plusieurs fois : 1, premier temps ; 2, deuxième temps ; 1—2 ; 1—2 ; 1—2 ; etc.

Remarque. Une personne qui marche marque la mesure à deux temps.

Par quoi séparez-vous les mesures ?

Par des barres qui traversent la portée.

1re mesure. 2e. 3e. 4e. 5e.

et qu'on appelle *barres de mesure*.

CHAPITRE V.

LECTURE RHYTHMIQUE. — SOLMISATION.

Qu'est-ce que la LECTURE RHYTHMIQUE ?

C'est la durée plus ou moins longue des notes et des silences.

Qu'est-ce que SOLFIER ?

C'est lire les notes avec l'intonation, comme *do, ré, mi, fa,* etc.

A mesure que nous ferons usage des différentes mesures, nous en ferons connaître l'indication et la signification.

Comment indique-t-on la mesure à *quatre temps?*

Par un C ou le chiffre 4.

Gamme de DO *mesurée avec rondes.*

1° Faire la lecture rhythmique avant de solfier. 2° Compter 1—2—3—4 pour chaque ronde.

Mesure à quatre temps indiquée par un C.—Une noire pour chaque temps.

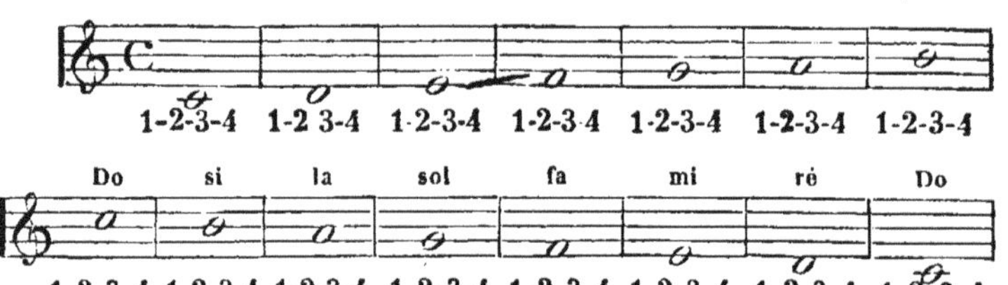

N. B. Ce signe ⌒, placé entre deux notes, indiquera les demi-tons.

Autres procédés.

1° Faire dire: de *do* à *ré* un ton, de *ré* à *mi* un ton, de *mi* à *fa* un demi-ton, de *fa* à *sol* un ton, de *sol* à *la* un ton, de *la* à *si* un ton et de *si* à *do* un demi-ton.

2° Faire dire: de *do* à *ré*, intervalle de seconde (un ton); de *do* à *mi*, intervalle de tierce (deux tons); de *mi* à *la*, intervalle de quarte (un demi-ton et deux tons), etc.

Gamme de DO *mesurée avec noires.*

(Voir les procédés de la gamme précédente, et ajouter: premier temps ♩, deuxième temps ♩, troisième temps ♩, quatrième temps ♩.)

CHAPITRE VI.

INTERVALLES DE SECONDES.

1° Faites la lecture rhythmique avant de solfier. 2° Faites solfier en battant la mesure. 3° Faites dire: de *do* à *ré* un ton, de *mi* à *fa* un demi-ton, etc.

Faites analyser de cette manière : ♩ pour le premier temps, etc., 𝄽 pour le quatrième temps.

Exercice 1.

Analyse : 𝄽 pour le premier temps, ♩ pour le deuxième temps, ♩ pour le troisième, et 𝄽 pour le quatrième.

Si les temps sont représentés par des silences, dire *un* pour un temps, *deux* pour deux temps, etc.

Exercice 2.

♩ pour chaque temps.

Exercice 3.

Les mesures de rang impair sont composées de quatre noires, et celles de rang pair, d'une blanche et une demi-pause.

Exercice 4.

Faire la lecture rhythmique avant de solfier.

Faire analyser les exercices, avant de les exécuter, de cette manière : (1re mesure) ♩ pour chaque temps; (2e mesure) 𝅗𝅥 pour le 1er et le 2e temps, 𝄽 pour le 3e, ♩ pour le 4e, etc.

Exercice 5.

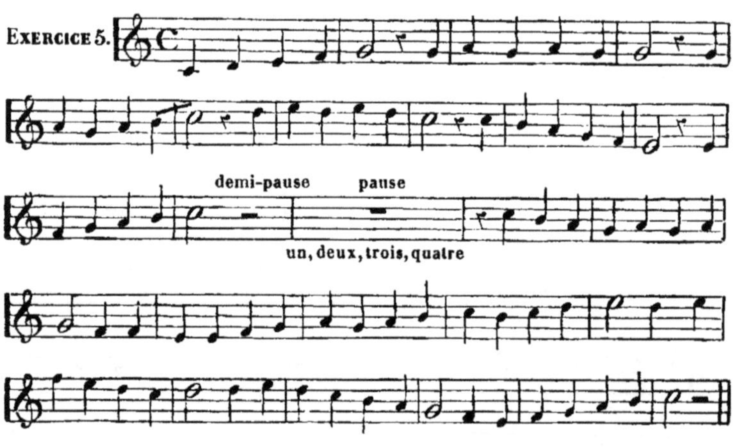

Suivre les procédés décrits plus haut, exercice 5.

Exercice 6.

Suivre les procédés décrits dans la page 24, exercice 5.

EXERCICE 7.

MODÈLES DE COPIES. — NOTES ET SILENCES A MESURER.

Copier cet exemple sur le tableau noir, et tirer une barre de mesure chaque fois qu'on écrit la valeur d'une ronde.

AUTRE EXERCICE.

Faire tracer des figures de notes et de silences, et faire tirer une barre de mesure chaque fois qu'on écrit la valeur d'une ronde ou d'une pause.

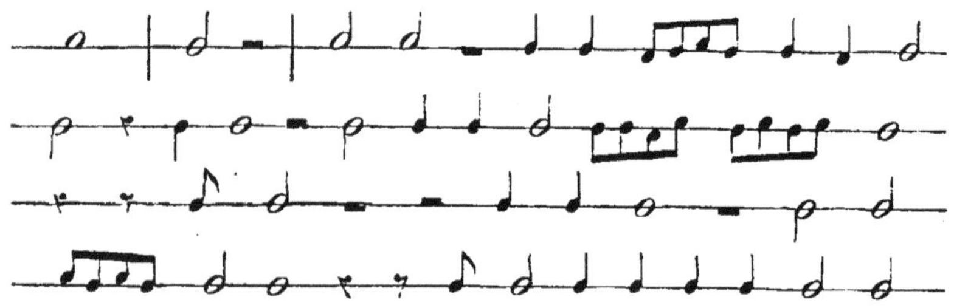

CHAPITRE VII.

INTERVALLES DE TIERCES.

(Une blanche, une noire et un soupir pour chaque mesure.)

Faire la lecture rhythmique avant de solfier.

Exercice 1.

Faire analyser chaque mesure des exercices avant de les exécuter.

QUESTIONNAIRE.

Quelle est la tierce de *do*? *Mi*. — La tierce de *ré*? *Fa*. — La tierce de *mi*? *Sol*. — La tierce de *sol*? *Si*. — La tierce de *la*? *Do*. — La tierce de *do* en descendant? *La*. — En montant? *Mi*. — La tierce de *ré* en descendant? *Si*. — En montant? *Fa*.

EXERCICE DE SECONDES ET DE TIERCES.

Faire la lecture rhythmique avant de solfier.

pour la mesure et pour chaque temps.

PREMIÈRE LEÇON DE SOLMISATION A DEUX PARTIES POUR CONDUIRE A L'ÉTUDE DU CHANT.

1° Faire la lecture rhythmique avant de solfier. 2° Solfier les notes *mi* et *sol* et faire rester chaque partie sur la note par laquelle elle va commencer.

Un mouvement modéré comme pour tous les exercices.

CHAPITRE VIII.

LIAISON.— POINT D'AUGMENTATION.— TRIOLETS.— POINT D'ARRÊT.

Quel est le signe qui réunit deux notes en un seul son?

La *liaison* appelée *coulé :* ⁀ ou ‿.

Ce signe, placé sur deux notes (de même intonation), deux *ré*, deux ou trois *mi*, a la propriété de les réunir et de n'en former qu'un seul son de la durée des deux notes prises ensemble. Ainsi, la liaison placée sur une blanche et une noire : produit un son de la durée de trois noires : ; placée sur une noire et une croche : , elle donne un son de la durée de trois croches : .

Par quel signe peut-on souvent simplifier cette manière d'indiquer les sons prolongés?

Par le *point*.

Que vaut le point après une note?

La moitié de la note placée devant lui.

Ainsi, le point après vaut , après vaut , etc., Ex.:

Notes pointées.

Valeur de notes pointées.

Que vaut le second point?

La moitié de la valeur du premier.

Ainsi, le second point après vaut , puisque le premier en vaut deux.

Qu'est-ce que le *triolet?*

C'est un groupe de trois notes n'ayant que la valeur de deux de même figure.

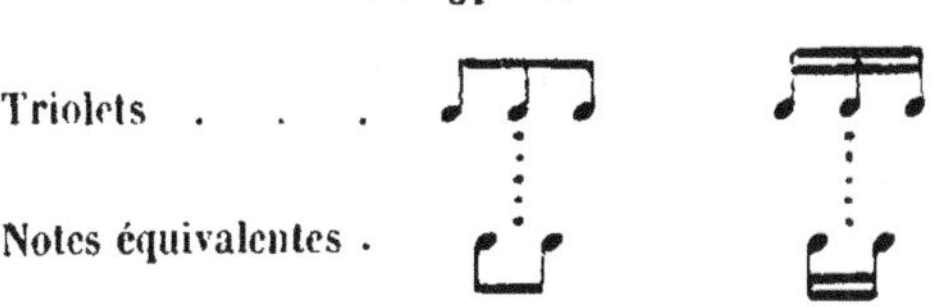

Trois croches triolets ne valent que deux croches, et trois doubles-croches triolets, deux doubles-croches.

Quelquefois le triolet est surmonté du chiffre 3.

POINT D'ARRÊT.

On emploie le *point d'arrêt* pour arrêter sur le dernier temps d'une note ou d'un silence, et même sur une barre.

EXERCICES POUR APPRENDRE A CONNAÎTRE LA VALEUR DU POINT, DE LA LIAISON ET DU TRIOLET.

QUESTIONNAIRE.

1° Que vaut une blanche pointée (𝅗𝅥 .) ? Trois ♩ ♩ ♩ : deux pour la blanche et une pour le point. — Que vaut une noire avec un point (♩ .) ? Trois croches ♫ ♪ : deux pour la noire et une pour le point. — Que vaut le second point après une noire (♩ . .)? (1er p. 2e p.) Une double-croche.—Après une blanche (𝅗𝅥 . .)? Une croche. — Que vaut un soupir avec un point (𝄽 .) ? Trois demi-soupirs : deux pour le soupir et un pour le point.—Dans le premier exercice, combien y a-t-il de notes pointées ? — Cinq : trois noires, une blanche et une croche. — Dans le second ? Six, trois noires et trois croches.— Combien dans le troisième exercice y a-t-il de notes avec deux points ? Trois : deux croches et une blanche.

2° Quelle durée produit la liaison sur une noire et une croche (♩‿♪) ? La durée de trois croches.— Quelle est la valeur d'une blanche et d'une noire liées ensemble (𝅗𝅥‿♩) ? Trois noires. — Combien y a-t-il de notes liées dans le cinquième exercice ? Dix.— Dans le quatrième ? Douze.

3° Combien trois croches triolets valent-elles de croches ? Deux. — Combien dans le sixième exercice y a-t-il de groupes de trois notes ? Cinq, quatre à la première mesure et un à la seconde. — Combien dans le septième exercice y a-il de groupes de trois doubles-croches ? Quatre.

SECONDE LEÇON DE SOLMISATION A DEUX PARTIES POUR CONDUIRE A L'ÉTUDE DU CHANT.

Suivre les procédés décrits pour la première leçon, page 29.

CHAPITRE IX.

DIÈSE ♯, BÉMOL ♭ ET BÉCARRE ♮.

Combien y a-t-il de signes qui altèrent le son des notes?

Il y en a trois, savoir:

Le *dièse* ♯ qui hausse d'un demi-ton le son de la note devant laquelle il est placé;

Le *bémol* ♭ qui le baisse d'un demi-ton;

Le *bécarre* ♮ qui efface le dièse et le bémol.

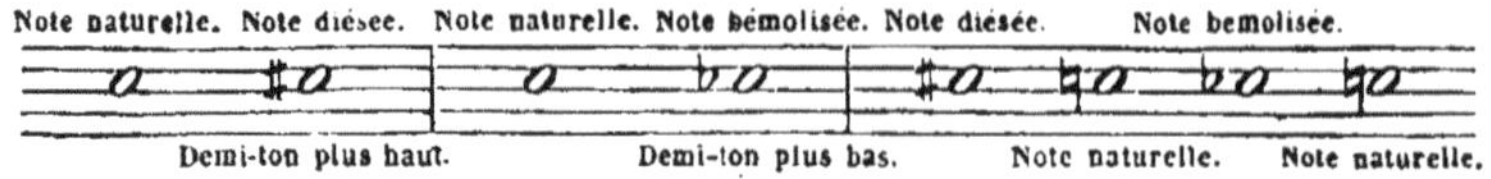

Nommer les signes ci-dessous et dire à quoi ils servent.

♯ ♭ ♮

Faire dire en montrant les signes, ♯ pour hausser d'un demi-ton; ♭ pour baisser d'un demi-ton; ♮ pour effacer le ♯ et le ♭.

Combien y a-t-il de ♯.

Il y en a sept, savoir : *fa, do, sol, ré, la, mi, si.*

Combien y a-t-il de ♭?

Il y en a sept aussi, savoir: *si, mi, la, ré, sol, do, fa.*

Lorsque ces signes sont placés après la clé, ils altèrent toutes les notes qui portent le même nom qu'eux; et lorsqu'on les trouve devant une note, l'altération n'a lieu que pour la mesure dans laquelle ils se trouvent.

CHAPITRE X.

FORMATION DES GAMMES AVEC DES DIÈSES.

Nous savons que la gamme de *do* consiste dans les sept notes suivantes, auxquelles on ajoute le *do* de l'octave supérieure pour complément:

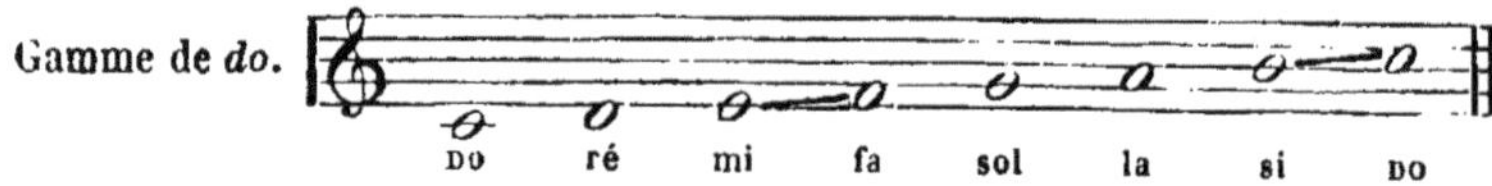

Nous devons nous rappeler aussi qu'elle contient cinq tons et deux demi-tons, ces derniers placés l'un de la troisième à la quatrième note, et l'autre de la septième à la huitième, ou celle qui commence la nouvelle octave.

Comment forme-t-on les gammes autres que la gamme de *do?*

Par l'emploi des dièses et des bémols.

Comment connaissez-vous que la gamme suivante n'est pas semblable à la gamme de *do?*

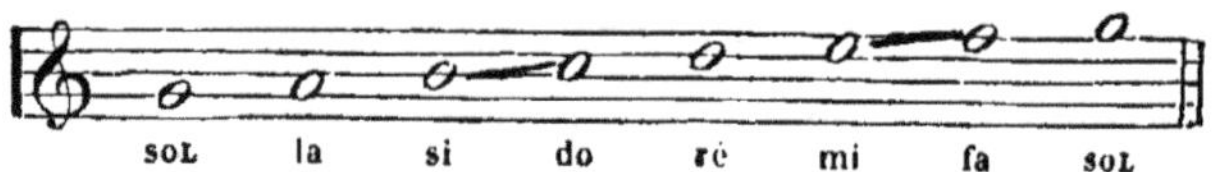

Parce que le deuxième demi-ton est placé entre la sixième et la septième note au lieu d'être entre la septième et la huitième.

Quel signe emploierez-vous pour régulariser cette gamme?

Le *fa* ♯, que je mettrai devant la septième note.

Comment connaissez-vous que la gamme suivante n'est pas semblable à la gamme de *do* ou à la gamme de *sol?*

Parce que le deuxième demi-ton est placé entre la sixième et la septième note au lieu d'être entre la septième et la huitième.

Quel dièse emploierez-vous pour régulariser cette gamme?

Le *do* ♯, que je mettrai à la clé.

Gamme de *ré.*

CHAPITRE XI.

FORMATION DES GAMMES AVEC DES BÉMOLS.

Comment connaissez-vous que la gamme suivante est semblable à celles que nous venons d'apprendre à former.

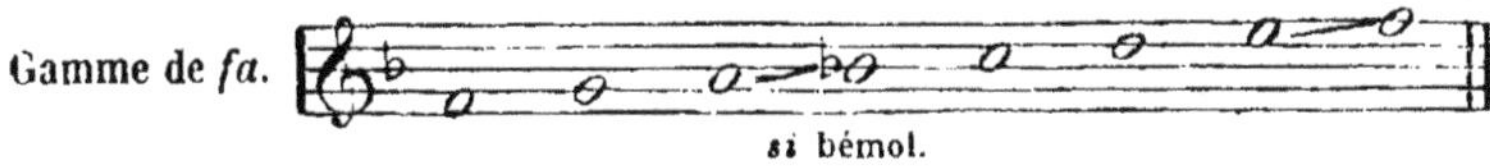

Parce que les demi-tons sont placés entre les notes qu'il faut.

Comment connaissez-vous que la gamme suivante est bien construite?

Parce que les deux demi-tons sont bien placés.

N. B. On voit qu'en ajoutant un ♯ ou un ♭ à la clé on forme une nouvelle gamme. Le maître devra exercer les élèves à former les autres gammes en suivant la même marche.

CHAPITRE XII.

TIERCES MAJEURES. — TIERCES MINEURES.

Comment appelez-vous la tierce composée de deux tons?

Tierce *majeure.*

Et celle composée d'un ton et d'un demi-ton?

Tierce *mineure*.

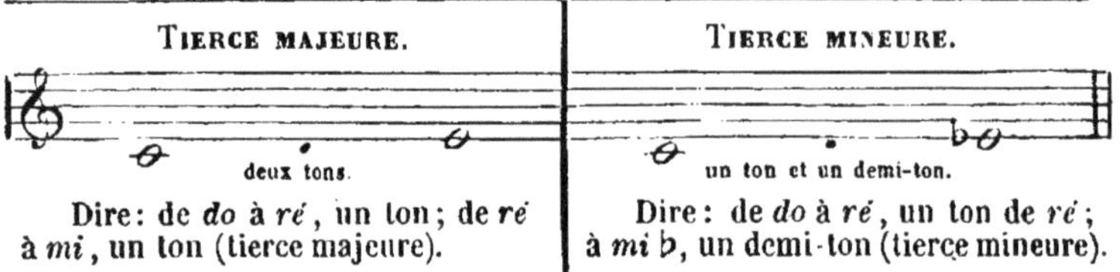

CHAPITRE XIII.

MODES MAJEURS. — MODES MINEURS.

Que nomme-t-on *modes?*

Deux différents caractères que peut posséder une gamme.

Comment les distingue-t-on?

En mode *majeur* et *mineur*.

Lorsque la tierce est majeure, le mode est majeur, et lorsque la tierce est mineure, le mode est mineur.

1re *Remarque.* Le demi-ton qui, dans la gamme majeure, était entre la troisième et la quatrième note, se trouve, dans celle mineure, entre la deuxième et la troisième: c'est ce changement qui constitue la gamme mineure.

2e *Remarque.* Les dièses accidentels qui sont dans la gamme de *la mineur* servent à régulariser cette gamme: le ♯ devant le *fa* éloigne d'un demi-ton cette note du *mi*, et le ♯ devant le *sol* rapproche d'un demi ton cette note du *la* au-dessus. Mêmes remarques pour toutes les gammes mineures.

Nous remarquerons en passant qu'on se sert indistinctement des termes *gamme* majeure, *ton* majeur ou *mode* majeur pour exprimer la même chose; de même aussi, par opposition de *gamme, ton* ou *mode* mineur.

Do majeur n'a ni dièses ni bémols à la clé; il en est de même de *la mineur*, nous venons de le voir.

RÈGLE GÉNÉRALE POUR CONNAÎTRE LE TON DANS LEQUEL ON EST LORSQU'IL Y A DES DIÈSES OU DES BÉMOLS A LA CLÉ.

Comment fait-on pour connaître le ton dans lequel on chante ou on joue lorsqu'il y a des dièses à la clé?

On prend la première note au-dessus du dernier dièse pour le majeur et la première note au-dessous de ce même dernier dièse pour le mineur.

D'après cette règle, en quel ton sommes-nous avec deux dièses (*fa* et *do*) à la clé?

En *ré majeur* ou en *si mineur*, parce que la première note au-dessus de *do*, dernier dièse à la clé, est *ré*, et la première au-dessous de ce même dièse, *si*.

Quel signe faudrait-il trouver pour être en *si mineur?*

Il faudrait trouver le *la* dièse.

Comment fait-on pour connaître le ton dans lequel on chante ou on joue lorsqu'il y a des bémols à la clé?

On prend la quatrième note au-dessous du dernier bémol pour le majeur, et la troisième au-dessus pour le mineur.

D'après cette règle, en quel ton est écrit un morceau de musique avec trois bémols (*si*, *mi*, *la*) à la clé?

En *mi ♭ majeur* ou en *do mineur*, parce que la quatrième note au-dessous de *la*, dernier bémol à la clé, est *mi*, et la troisième au-dessus de ce même bémol, *do*.

Quel signe faudrait-il trouver pour être en *do mineur?*

Le *si* ♮.

QUESTIONNAIRE.

Pourquoi se sert-on du dièse?— Du bémol?—Et du bécarre?—Combien faut-il de dièses pour former la gamme de *la majeur?* Trois (*fa*, *do*, *sol*). -- Et pour former la gamme de *si?* Cinq (*fa*, *do*, *sol*, *ré*, *la*).

Comment distingue-t-on les modes? En modes *majeurs* et *mineurs*. — Qu'est-ce qui fait cette distinction dans les modes? La tierce.

En quel ton est composé un morceau de musique, s'il a trois bémols à la clé?-- S'il en a quatre?

N. B. Nous ne donnons pas toutes les réponses pour que les élèves s'exercent à les trouver eux-mêmes.

TABLEAU DE TOUS LES TONS MAJEURS ET MINEURS:

TONS FORMÉS PAR LES DIÈSES.

do majeur.	*sol* majeur.	*ré* majeur.	*la* majeur.	*mi* majeur.	*si* majeur.	*fa* ♯ majeur.	*do* ♯ majeur.
la mineur.	*mi* mineur.	*si* mineur.	*fa* ♯ mineur.	*do* ♯ mineur.	*sol* ♯ mineur.	*ré* ♯ mineur.	*la* ♯ mineur.
Lorsqu'il n'y a à la clé aucun signe altératif et qu'on trouve le *sol* ♯, on est en *la* mineur.	Lorsqu'il y a un dièse à la clé et qu'on trouve le *ré* ♯, on est en *mi* mineur.	Lorsqu'il y a deux dièses à la clé et qu'on trouve le *la* ♯, on est en *si* mineur.	Lorsqu'il y a trois dièses à la clé et qu'on trouve le *mi* ♯, on est en *fa* ♯ mineur.	Lorsqu'il y a quatre dièses à la clé et qu'on trouve le *si* ♯, on est en *do* ♯ mineur.	Lorsqu'il y a cinq dièses à la clé et qu'on trouve le *fa* 𝄪, on est en *sol* ♯ mineur.	Lorsqu'il y a six dièses à la clé et qu'on trouve le *do* 𝄪, on est en *ré* ♯ mineur.	Lorsqu'il y a sept dièses à la clé et qu'on trouve le *sol* 𝄪, on est en *la* ♯ mineur.

TONS FORMÉS PAR LES BÉMOLS.

	fa majeur.	*si* ♭ majeur.	*mi* ♭ majeur.	*la* ♭ majeur.	*ré* ♭ majeur.	*sol* ♭ majeur.	*do* ♭ majeur.
	ré mineur.	*sol* mineur.	*do* mineur.	*fa* mineur.	*si* ♭ mineur.	*mi* ♭ mineur.	*la* ♭ mineur.
	Lorsqu'il y a un bémol à la clé et qu'on trouve le *do* ♯, on est en *ré* mineur.	Lorsqu'il y a deux bémols à la clé et qu'on trouve le *fa* ♯, on est en *sol* mineur.	Lorsqu'il y a trois bémols à la clé et qu'on trouve le *si* ♮, on est en *do* mineur.	Lorsqu'il y a quatre bémols à la clé et qu'on trouve le *mi* ♮, on est en *fa* mineur.	Lorsqu'il y a cinq bémols à la clé et qu'on trouve le *la* ♮, on est en *si* ♭ mineur.	Lorsqu'il y a six bémols à la clé et qu'on trouve le *ré* ♮, on est en *mi* ♭ mineur.	Lorsqu'il y a sept bémols à la clé et qu'on trouve le *sol* ♮, on est en *la* ♭ mineur.

CHAPITRE XIV.

DU MOUVEMENT.

Qu'est-ce que le MOUVEMENT?

Le mouvement est le degré de lenteur ou de vitesse qu'on donne à un morceau de musique.

Un chant religieux, un cantique, par exemple, ne peut avoir le mouvement d'une marche ou d'une contre-danse. Il s'en suit que les notes augmentent ou diminuent de durée selon que le mouvement est plus lent ou plus vif. Ainsi, une blanche ou une noire, d'un chant grave, ont la valeur d'une ronde et d'une blanche d'un chant plus animé.

Comment indique-t-on les différents mouvements?

Par des mots italiens, placés au commencement de chaque morceau de musique.

TABLEAU DES PRINCIPAUX MOUVEMENTS,
AVEC LEURS SIGNIFICATIONS ET LEURS VALEURS MÉTRONOMIQUES (1).

NOMS ITALIENS DES MOUVEMENTS PRINCIPAUX.	INTERMÉDIAIRES.	SIGNIFICATIONS.	VALEUR APPROXIMATIVE de L'INDICATION MÉTRONOMIQUE.
LARGO.		Mouvement très-lent.	Une 2de et demie par temps.
	LARGHETTO.	Moins lent que *largo*.	
ADAGIO.		Mouvement lent.	Une seconde par temps.
	ANDANTINO.	Plus lent qu'*andante*.	
ANDANTE.		Mouvement modéré.	Trois quarts de 2de p. temps.
	TEMPO GIUSTO.	Moins lent qu'*andante*.	
	MODERATO.		
	ALLEGRETTO.	Moins vif qu'*allegro*.	Demi-seconde par temps.
ALLEGRO.		Mouvement vif.	Demi-seconde par temps.
PRESTO.		Mouvement très-vif.	Tiers de seconde par temps.
	PRESTISSIMO.	Le plus vif.	

EXERCICES POUR APPRENDRE A LIRE LES NOTES AVEC LA CLÉ DE *FA*.

Gamme ascendante. Gamme descendante.

DO ré mi fa sol la si DO DO si la sol fa mi ré DO

Faire lire les notes placées sur les lignes.

(1) Le *Métronome* est un instrument qui marque la mesure en la divisant en parties égales.

Faire lire les notes placées entre les lignes.

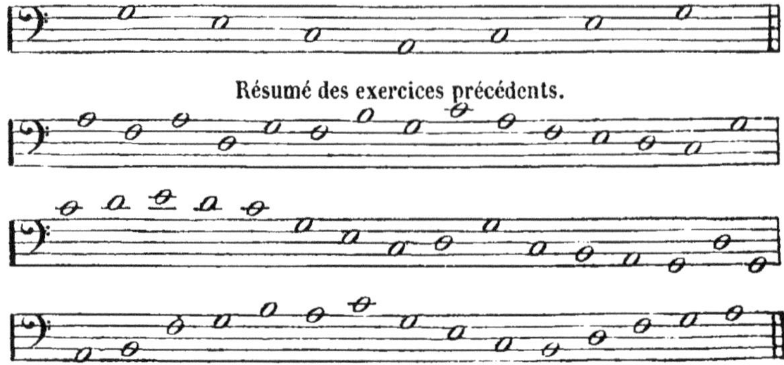

CHAPITRE XV.

VOIX.

Combien distingue-t-on de voix principales dans le chant ?

On en distingue *cinq*, savoir :

1. Dessus ou Soprano voix aiguë pour les femmes et les enfants.
2. Contralto. . . . voix grave pour les femmes et les enfants.
3. Ténor. . . . . . voix aiguë pour les hommes.
4. Basse-taille . . voix moyenne pour les hommes.
5. Basse. . . . . . voix grave pour les hommes.

NOTIONS RELATIVES AU CHANT A PLUSIEURS PARTIES.

Echelle ou gamme en chiffres.

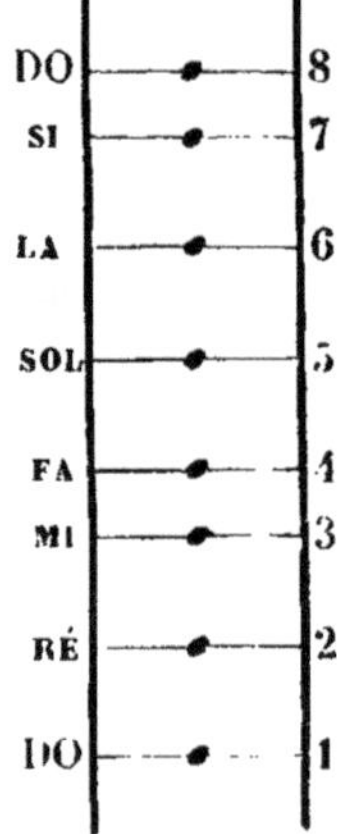

On peut représenter les sons par des chiffres; alors chaque chiffre annonce le rang dans la gamme du son qu'il représente.

Quelles sont les principales notes de la gamme?

La première ou la *tonique*, la troisième ou la *médiante*, la cinquième ou la *dominante*, et la septième ou la *note sensible*.

Qu'est-ce qu'un accord?

Un accord est la réunion de plusieurs sons musicaux.

La tonique, la tierce (médiante) et la dominante forment *l'accord parfait*.

La musique vocale, formant des accords, est écrite à *deux*, à *trois* ou à un plus grand nombre de parties.

Une personne seule chante un *solo;* deux personnes qui chantent en parties forment un *duo;* trois personnes, un *trio;* quatre personnes, un *quatuor*, etc.

Lorsque plusieurs personnes exécutent la même partie, c'est un chœur.

Toute la musique de la première partie est composée par M. L. Peyssies.

FIN DE LA PRÉMIERE PARTIE.

DEUXIEME PARTIE.

CHANT.

Nous croyons avoir atteint le but que nous nous sommes proposé dans la première partie, celui de faire connaître les *Notions préliminaires* ou *Principes de la Musique*. Il ne nous reste maintenant qu'une bien petite difficulté à vaincre, c'est d'enseigner à unir le son à la parole.

Avant de passer à la branche la plus importante de la musique, celle du chant, le lecteur devra parcourir de nouveau les demandes et les réponses des différents chapitres de la première partie. Il devra s'assurer que toutes ont été bien comprises par lui. S'il en était autrement, qu'il ne se décourage point: la seconde partie de notre méthode dissipera bientôt ce que la première aura pu laisser d'obscurité.

Nous l'invitons seulement à revenir sur cette *première partie*, afin qu'il s'assure qu'il ne s'égare point. Nous lui conseillons surtout, avant d'essayer l'exécution d'un morceau de chant, de le considérer premièrement sous ces deux points de vue principaux: la mesure et l'intonation.

C'est cette double signification, celle des notes, celle de l'intonation et du rhythme réunis, qui forme la difficulté de la musique. Mais nous l'aplanissons par une étude isolée de chaque principe, sans qu'il soit besoin d'avoir recours à un changement de notation.

La parfaite connaissance de la division de la mesure est tellement importante, que beaucoup de personnes qui ont étudié la musique, qui la connaissent même, sont de mauvais exécutants, parce qu'elles ont négligé de s'exercer suffisamment dans cette partie, et qu'il est impossible de lutter à la fois contre les difficultés de l'intonation pour le chant, ou du doigté pour les instruments, et en même temps contre celles de la division de la mesure. Il faut donc que l'un et l'autre de ces deux points principaux de musique soient étudiés et exercés isolément, et jusqu'à leur parfaite connaissance, afin de pouvoir s'occuper ensuite des deux choses à la fois. Croire qu'on puisse apprendre en même l'intonation et le rhythme, est une erreur bien grave. Pour l'éviter, étudions les principes que nous avons donnés; ne les quittons qu'après une certitude consciencieuse de les posséder parfaitement. Ce n'est qu'à ce titre que nous osons nous promettre du succès.

Le chant avec ses accents tour-à-tour tendres ou majestueux, simples ou brillants, belliqueux ou mélancoliques, initiera l'ame des enfants à tous les sentiments, à toutes les actions héroïques, à toutes les joies célestes enfin qu'il est capable d'inspirer. Et cette nouvelle génération recueillera alors une récompense bien douce de son travail, et nous bénirons les quelques veilles que nous aurons consacrées à notre œuvre.

DE L'UNION DU SON A LA PAROLE.

Jusqu'à présent nous avons nommé les notes en nous servant des syllabes *do, ré, mi, fa,* etc. Nous arrivons maintenant à remplacer ces syllabes par des paroles. C'est ce qu'on appelle chanter.

On écrit les paroles sous les notes, de manière que chaque syllabe corresponde à une note. Exemple :

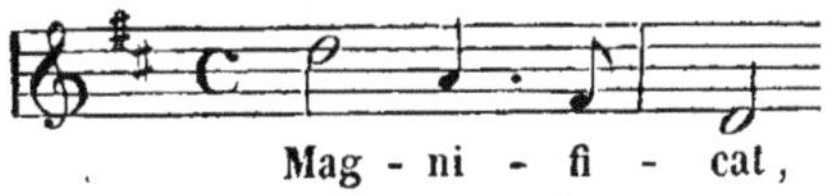

La syllabe MAG correspond au *ré,* la syllabe NI, au *la*, la syllabe FI, au *fa*, et la syllabe CAT, au *ré.*

Lorsque plusieurs notes correspondent à une seule syllabe, elles sont liées entre elles, de cette manière :

Exemple :

Ou de cette autre :

PREMIER CHANT DE LA MÉTHODE.

AVIS GÉNÉRAL SUR L'EXÉCUTION DES CHANTS DE LA MÉTHODE.

Il faut que les élèves chantent exactement leurs parties séparées avant de les faire chanter ensemble.

1° Lecture rhythmique. 2° Solmisation mesurée. 3° Faire lire les paroles en mesure avant de les unir aux sons, de cette manière :

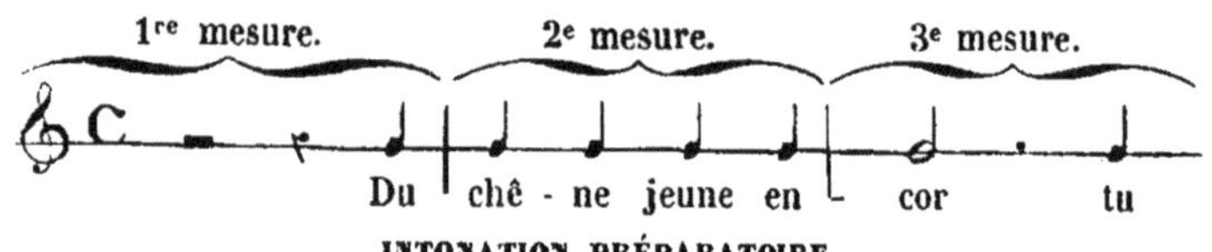

INTONATION PRÉPARATOIRE.

Faire dire dans quel ton est écrite la piece de chant, et faire construire la gamme de cette manière :

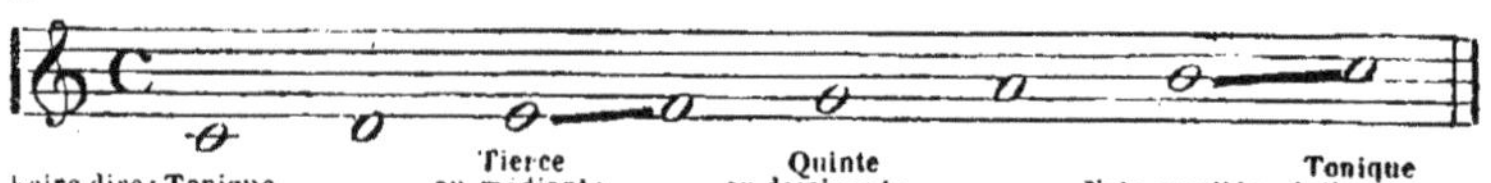

Solfier la tonique *do*. Solfier l'accord parfait *do*, *mi*, *sol*, et faire rester chaque partie sur la note par laquelle elle va commencer. — Mêmes procédés pour tous les chants de la méthode.

QUESTIONNAIRE.

Dans quel ton est composé ce chant? Dans le ton de *do*. — Pourquoi? Parce que les deux demi-tons se trouvent placés l'un de *mi* à *fa* et l'autre de *si* à *do*. — Pourquoi n'a-t-on pas altéré les notes dans ce ton? Parce que les demi-tons sont placés naturellement entre le troisième et le quatrième degré et entre le septième et le huitième.— Quelle est la tonique? *Do*.— La tierce? *Mi*.—Est-elle majeure ou mineure? Elle est *majeure* parce qu'elle se compose de deux tons. Analyse: de *do* à *ré*, un ton; de *ré* à *mi*, un ton.

AIR CONNU,

AVEC DEUX PARTIES D'ACCOMPAGNEMENT AJOUTÉES PAR L. PEYSSIES.

Suivre les procédés décrits dans la note de la page 44.

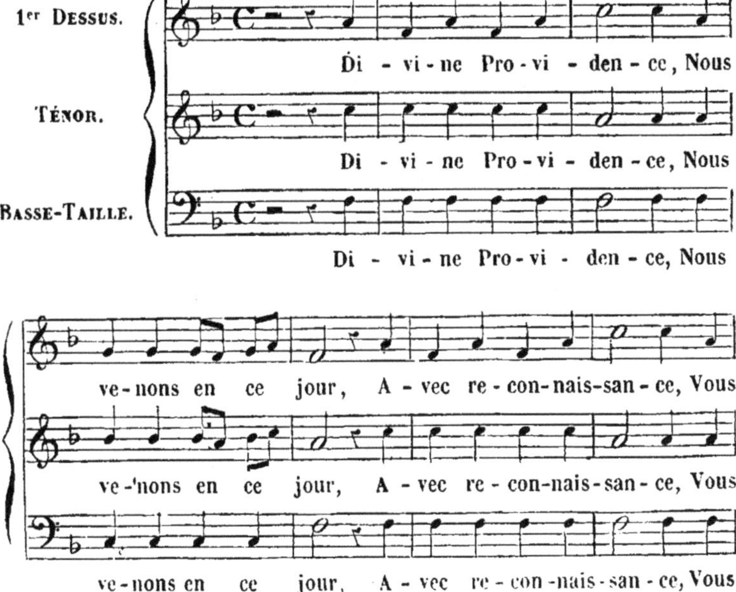

QUESTIONNAIRE.

Pourquoi ce chant est-il en *fa majeur?* Parce que la quatrième note au-dessous de *si* est *fa.*— Quel signe faudrait-il trouver pour être en *ré mineur?* Le *do* ♯.— Quels silences faut-il pour les trois temps qui manquent à la première mesure de ce chant? Une demi-pause pour le premier et le second temps, et un soupir pour le troisième. (A vérifier.)

CANTIQUE A TROIS PARTIES.

(Suivre les procédés décrits dans la note de la page 44.)

CHAPITRE I.

MESURES A TROIS TEMPS.

(Voyez page 20.)

Comment indique-t-on les mesures à *trois temps?*

On les indique ordinairement par le chiffre **3**, les deux chiffres $\frac{3}{4}$ ou les deux chiffres $\frac{3}{8}$.

Que signifie le chiffre **3** seul?

Il signifie qu'il y a trois noires dans la mesure.

Que signifient les deux chiffres $\frac{3}{4}$ placés l'un sous l'autre?

Ils signifient, comme le chiffre **3**, que la mesure est composée de trois quarts de la ronde, c'est-à-dire de trois noires.

Et les deux chiffres $\frac{3}{8}$ que signifient-ils?

Ils signifient que la mesure est composée de trois huitièmes de la ronde, c'est-à-dire de trois croches.

MESURES A TROIS TEMPS INDIQUÉES PAR LE CHIFFRE 3.

(*Avis important*. Faites l'analyse des mesures de ces exercices avant d'en faire la lecture rhythmique.)

DUO ou CHOEUR, par M. L. Peyssies.

Solfier avant de chanter. — Lire les paroles en mesure.

QUESTIONNAIRE.

En quel ton est ce duo? En *sol*. — En quel ton pourrait-il être sans changer l'armure de la clé? En *mi* mineur, mais il faudrait trouver le *ré* dièse. Quelles sont les trois notes de l'accord parfait? *Sol, si, ré*.

CANTIQUE EN *SOL* MAJEUR, PAR M. L. PEYSSIES.

(Suivre les procédés décrits dans la page 44.)

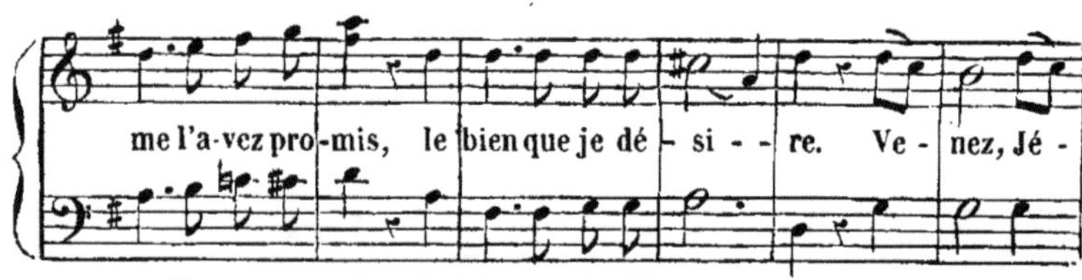

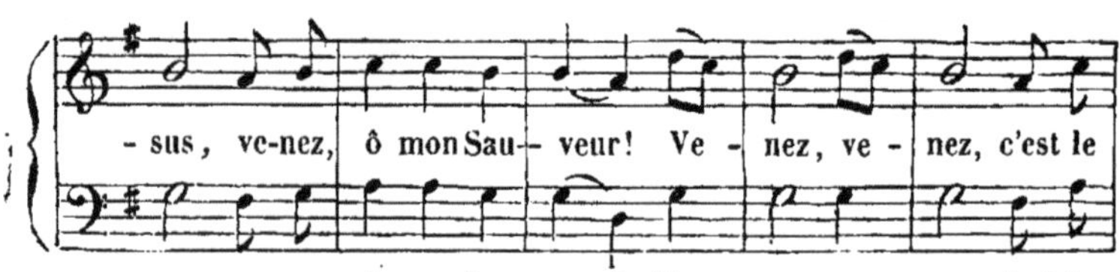

QUESTIONNAIRE.

Par quel temps de la première mesure commence ce cantique? Par le dernier. — Que faut-il pour chaque temps de cette mesure? La valeur d'une noire ou d'un soupir. — Quel dièse a-t-on mis à la clé? *Fa*. — Qu'indique-t-il? Que tous les *fa* sont diésés. — Qu'est le *fa* par rapport au ton du cantique? La note sensible. — Ce cantique change-t-il de ton? Oui: il passe en *ré majeur* avec le *do* dièse qui se trouve à la huitième portée ainsi qu'à la septième. — Quelle est la tonique de ce nouveau ton? *Ré*. — La tierce? *Fa* dièse (majeure). — Qu'indiquent les deux chiffres 3 et 4 placés après la clé au commencement du morceau? Ils indiquent que la mesure est à *trois temps*.

CHAPITRE II.

SIGNES D'EXPRESSION.

On emploie, en musique, certains *mots italiens*, ou leurs *abréviations*, et quelques autres *signes*, pour marquer les principales nuances de goût et d'expression, tels sont:

Piano ou *P*, doux, pour faire exécuter à demi-voix.
Pianissimo ou *PP*, très-doux.
Forte ou *F*, fort.
Fortissimo ou *FF*, très-fort.
Crescendo ou *cres.* $<$. Ce signe indique qu'un son ou une succession de sons doivent commencer doux, et s'enfler graduellement.
Decrescendo ou *decres.* $>$. Ce signe indique un effet contraire: on doit commencer fort et diminuer progressivement.
$<>$ composé des deux signes précédents, pour le *cres.* et le *decres.*

(*Avis.* 1° Lire aux élèves le nom et l'explication de chaque signe; 2° nommer le signe et en demander l'explication.)

REPRISES. — RENVOIS. — DA-CAPO.

Quels sont les signes employés pour indiquer la répétition d'une ou de plusieurs parties d'un morceau de musique?

La *reprise*, le *renvoi* et le *da-capo*.

REPRISES.

(Recommencer la musique qui suit ou qui précède les points.)

(Substituer la 2e mesure à la 1re après avoir recommencé la reprise.)

RENVOIS.

(Le *renvoi* indique que l'on doit retourner en arrière à son signe correspondant, et exécuter de nouveau jusqu'au mot *fin.*)

DA-CAPO.

(Le *da-capo* indique que l'on doit retourner au commencement du morceau, et suivre jusqu'à l'indication finale citée plus haut.)

KYRIE DE LA MESSE EN *SOL* MAJEUR, DE M. ROQUES.

Solfier avant de chanter.—Suivre les autres procédés décrits page 44.

- son, e - le - - i - - son, Ky - ri - e e -
- son, e - le - - i - - son, Ky - ri - e e -
- son, e - le - - i - - son, Ky - ri - e e -
- le - i - son, Ky - ri - e e - le - i - son, Ky - ri -
- le - i - son, Ky - ri - e e - le - i - son, Ky - ri -
- le - i - son, Ky - ri - e e - le - i - son, Ky - ri -
piano.
- e e - le - i - son, Ky - ri - e e - le - i - son,
piano.
- e e - le - i - son, Ky - ri - e e - le - i - son,
piano.
- e e - le - i - son, Ky - ri - e e - le - i - son,
forte.
e - le - i - son, e - le - i - son, Ky - ri - e e -
forte.
e - le - i - son, e - le - i - son, Ky - ri - e e -
forte.
e - le - i - son, e - le - i - son, Ky - ri - e e -

QUESTIONNAIRE.

Par quels signes d'expression a-t-on marqué les nuances de goût dans ce *kyrie?* Par *forte* et *piano* qu'on a employés dans le chœur, et le *decrescendo* et le *crescendo*, dans le duo. — Qu'indique le renvoi placé au-dessus de la double barre à la fin du duo? Il indique que l'on doit retourner au chœur, c'est-à-dire à son signe correspondant, et exécuter de nouveau jusqu'au mot *fin*, placé au-dessus de la double barre à la fin du chœur. —En quel ton est écrit le duo? En *sol* mineur.—*Explication:* D'après la règle que nous avons donnée dans la première partie, page 35, le duo est écrit en *si* ♭ majeur ou en *sol* mineur: il est en *sol* mineur à cause du *fa* # qu'on a employé accidentellement.

CHAPITRE III.

MESURE A DEUX TEMPS.

(Voyez page 21.)

Comment indique-t-on les mesures à *deux temps?*

On les indique ordinairement par le chiffre **2** ou le **₵** (*c* barré); on les indique encore par les deux chiffres $\frac{2}{4}$ ou les deux chiffres $\frac{6}{8}$.

Qu'indiquent le chiffre **2** et le **₵**?

Ils indiquent que la mesure est composée de deux blanches.

Qu'indiquent les deux chiffres $\frac{2}{4}$, placés l'un sous l'autre?

Ils indiquent que la mesure est composée de deux quarts de la ronde, c'est-à-dire de deux noires.

Qu'indiquent les deux chiffres $\frac{6}{8}$, placés l'un sous l'autre?

Ils indiquent que la mesure est composée de six huitièmes de la ronde, c'est-à-dire de six croches.

MESURES A DEUX TEMPS INDIQUÉES PAR LE CHIFFRE 2 OU LE ₵.

MESURES A DEUX TEMPS INDIQUÉES PAR LES CHIFFRES $\frac{2}{4}$.

MESURES A DEUX TEMPS INDIQUÉES PAR LES DEUX CHIFFRES $\frac{6}{8}$.

(*Avis important.* Faites analyser les mesures de ces exercices avant d'en faire la lecture rhythmique.)

CANTIQUE A TROIS PARTIES, par M. L. Peyssies.

(Suivre les procédés décrits dans la page 44.)

Préparer la lecture rhythmique en prononçant 1-2-3 (♪ ♪ ♪ pour chaque temps).

Il faut que les élèves chantent exactement leurs parties séparées avant de les faire chanter ensemble.

Fin.

- me, O doux Jé - sus!

- me, O doux Jé - sus!

- me, O doux Jé - sus!

QUESTIONNAIRE.

En quel ton est écrit ce cantique? En *fa* majeur (voyez la règle, première partie, page 38). Solfiez la gamme de ce ton. Quelles sont les principales notes de cette gamme? ***Fa*** (tonique), *la* (médiante), *do* (dominante), *mi* (note sensible).

Combien de croches pour chaque temps de la mesure? Trois. — Quelle est cette mesure? La mesure à $\frac{6}{8}$, parce qu'elle se compose de six huitièmes de la ronde. — Qu'indiquent les deux points placés à droite de la première double barre et à gauche de la seconde? Ils indiquent (voyez page 51) qu'on doit exécuter deux fois les sept mesures que ces doubles barres renferment.

MAGNIFICAT EN *RÉ* MAJEUR DE M. L. PEYSSIES.

(*Avis important.* Suivre les procédés décrits page 44.)

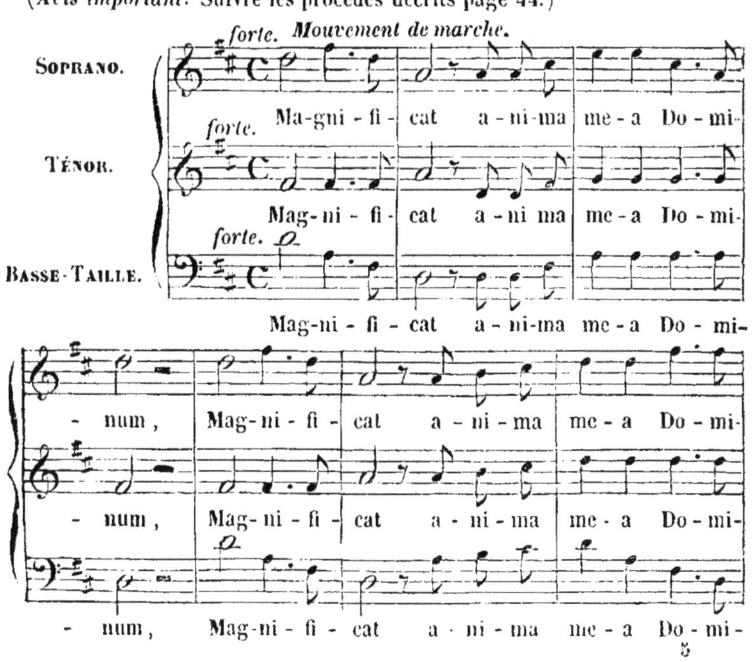

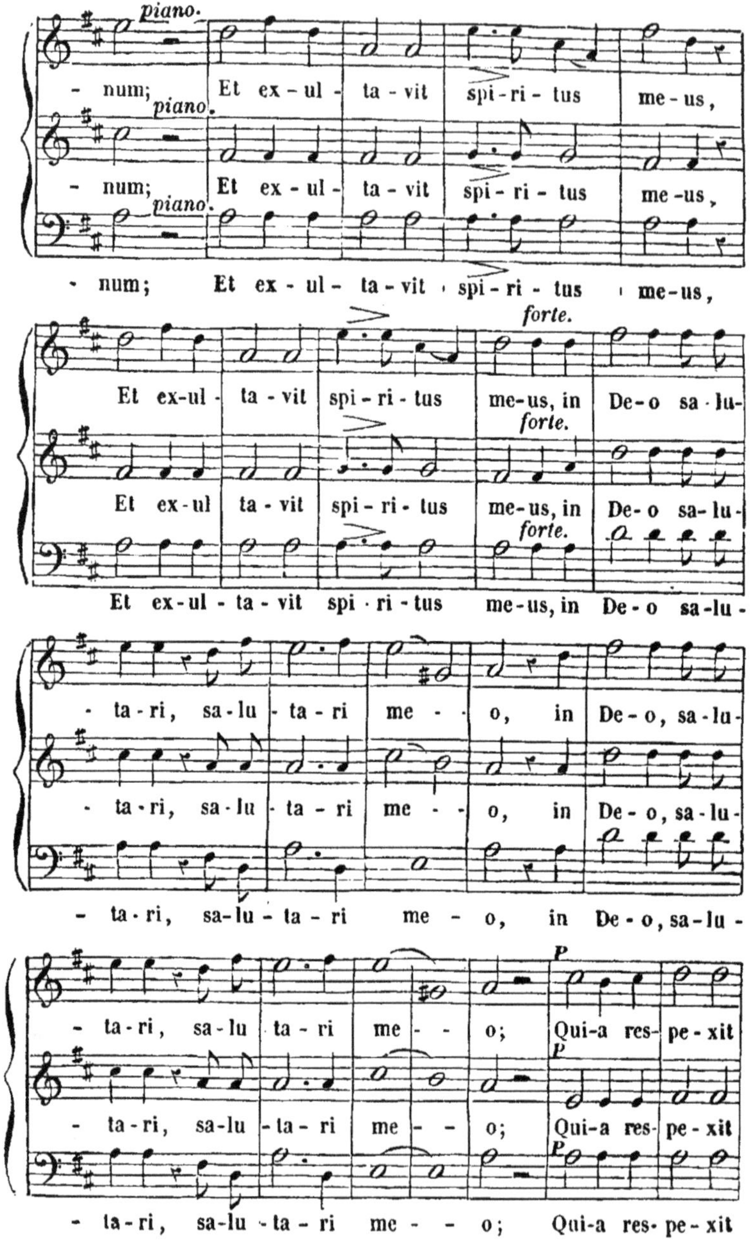
piano.
- num; Et ex - ul - ta - vit spi - ri - tus me - us,
piano.
- num; Et ex - ul - ta - vit spi - ri - tus me - us,
piano.
- num; Et ex - ul - ta - vit spi - ri - tus me - us,
forte.
Et ex-ul - ta - vit spi - ri - tus me - us, in De - o sa - lu -
forte.
Et ex - ul ta - vit spi - ri - tus me - us, in De - o sa - lu -
forte.
Et ex - ul - ta - vit spi - ri - tus me - us, in De - o sa - lu -
- ta - ri, sa - lu - ta - ri me - - o, in De - o, sa - lu -
- ta - ri, sa - lu - ta - ri me - - o, in De - o, sa - lu -
- ta - ri, sa - lu - ta - ri me - - o, in De - o, sa - lu -
P
- ta - ri, sa - lu ta - ri me - - o; Qui-a res - pe - xit
P
- ta - ri, sa - lu - ta - ri me - - o; Qui-a res - pe - xit
P
- ta - ri, sa - lu - ta - ri me - - o; Qui-a res - pe - xit

hu - mi-li - ta - tem an - cil - læ su - æ; an - cil - læ
hu - mi-li - ta-tem an - cil - læ su - æ; an-cil-læ
hu - mi-li - ta - tem an - cil - læ su - æ; an-cil-læ
su — — — - sæ; Ec - ce e - nim ex hoc
su — — — - æ; Ec - ce e - nim ex hoc
su — — — æ; Ec-ce e - nim ex hoc
be - a - tam me di - cent. Om - nes ge - ne - ra - ti -
be - a - tam me di - cent. Om - nes ge - ne - ra - ti -
be - a - tam me di - cent. Om - nes ge - ne - ra - ti -
— o — - nes, Om - nes ge - ne - ra - ti - o - —
— o — - nes, Om - nes ge - ne - ra - ti - o - —
— o - nes, Om - nes ge - ne - ra - ti - o - —

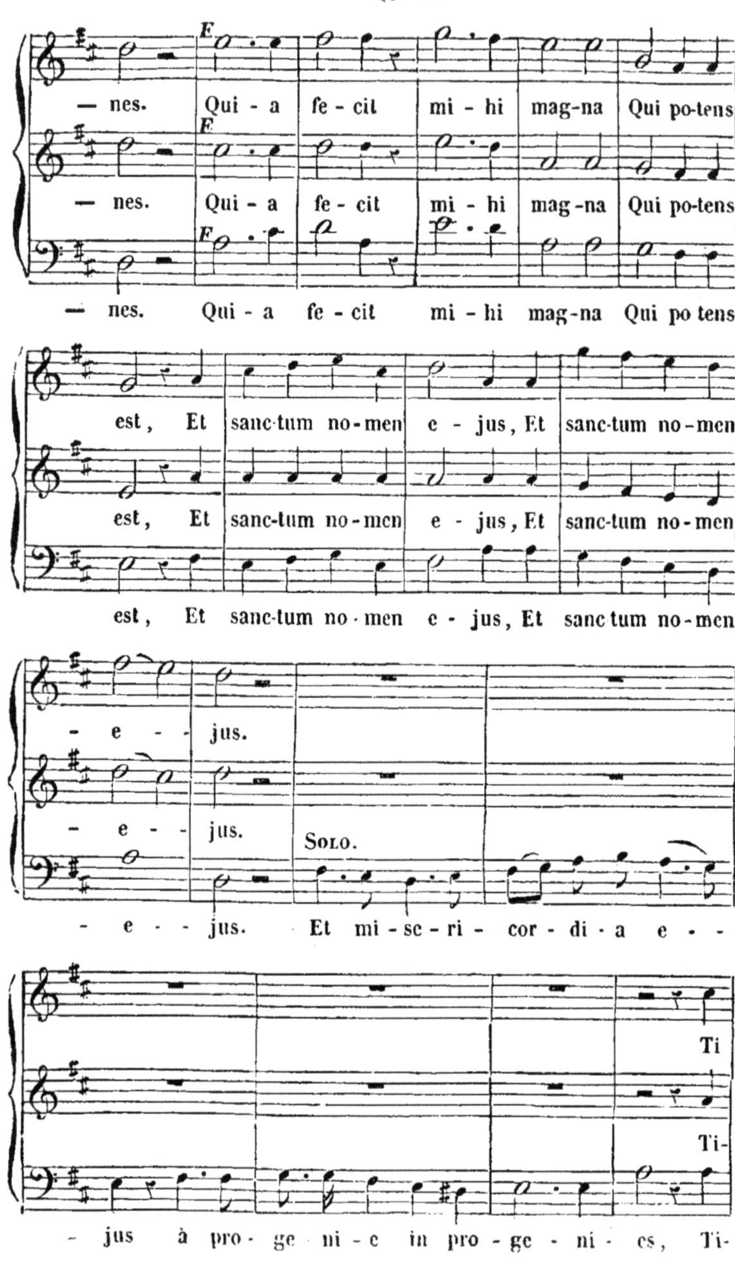
— nes. Qui - a fe - cit mi - hi mag-na Qui po-tens
— nes. Qui - a fe - cit mi - hi mag-na Qui po-tens
— nes. Qui - a fe - cit mi - hi mag-na Qui po tens
est, Et sanc-tum no-men e - jus, Et sanc-tum no-men
est, Et sanc-tum no-men e - jus, Et sanc-tum no-men
est, Et sanc-tum no-men e - jus, Et sanc tum no-men
- e - - jus.
- e - - jus.
Solo.
- e - - jus. Et mi-se-ri-cor-di-a e - -
Ti
Ti-
- jus à pro-ge-ni-e in pro-ge-ni-es, Ti-

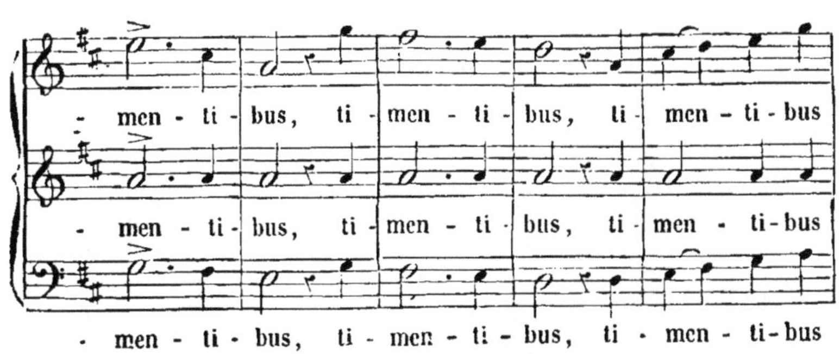

QUESTIONNAIRE.

Qu'indiquent les deux dièses *fa* et *do* mis à la clé? Ils indiquent que tous les *fa* et tous les *do* sont haussés d'un demi-ton.— N'indiquent-ils pas autre chose? Ils indiquent en outre que le morceau est en *ré majeur*. — Ce morceau conserve-t-il ce ton jusqu'à la fin? Non : il passe en *la majeur* avec le *sol* dièse.— Il finit donc en *la* ? Non : il reprend son ton principal.

NOTRE PÈRE,

CANTIQUE.

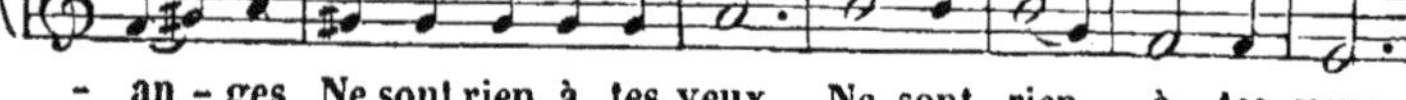

O SALUTARIS.

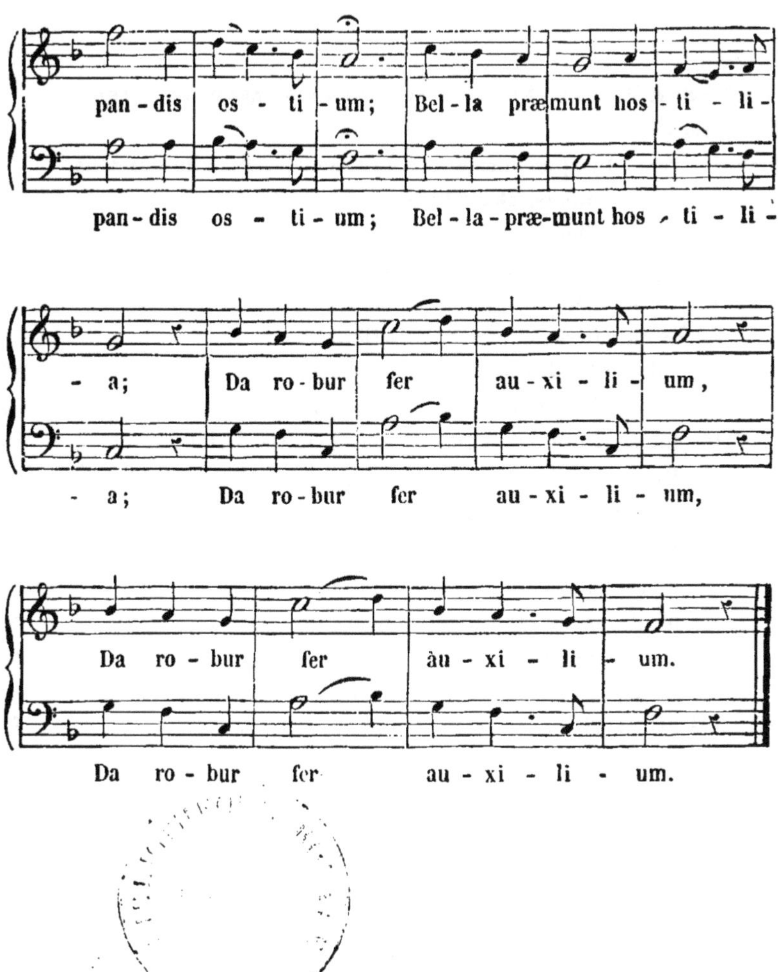

FIN DE LA MÉTHODE.

Nota. Nous publierons très prochainement un petit recueil de cantiques et de motets d'une exécution facile pour servir de supplément à notre méthode.

TABLE DES MATIÈRES.

FIN DE LA TABLE DES MATIÈRES.

MUSIQUE TYPOGRAPHIQUE de Tantenstein et Cordel, 90, rue de la Harpe.

www.ingramcontent.com/pod-product-compliance
Ingram Content Group UK Ltd.
Pitfield, Milton Keynes, MK11 3LW, UK
UKHW021647260726
13994UKWH00003B/1327

9 782329 382258